LES HOMMES

ET

LES CHOSES NÉFASTES

PAR

Édouard GIBERT

DOCTEUR EN DROIT

PARIS

IMPRIMERIES RÉUNIES, A

2, RUE MIGNON, 2

—

1889

LES HOMMES

ET

LES CHOSES NÉFASTES

PAR

Édouard GIBERT

DOCTEUR EN DROIT

PARIS

IMPRIMERIES RÉUNIES, A

2, RUE MIGNON, 2

—

1889

LES HOMMES

ET

LES CHOSES NÉFASTES

Les événements actuels prouvent que le parlementarisme entraîne la France à sa ruine. Grâce à lui, la France encore vivante est la proie de trois espèces de carnassiers qui s'acharnent après elle comme des oiseaux malpropres après un cadavre : les Juifs, les francs-maçons et les républicains de profession.

1° LES JUIFS

Les Juifs de naissance ne sont pas les seuls; il faut ranger parmi eux ceux qui agissent de la même manière, les judaïsants, aussi néfastes mais plus nombreux. Dès l'année 1846, Alphonse Toussenel (1) commençait ainsi son livre *les Juifs rois de l'époque:*

« J'appelle comme le peuple de ce nom méprisé de Juif tout trafiquant d'espèces, tout parasite improductif vivant de la substance d'autrui; juif, usurier, trafiquant sont pour moi synonymes. »

On a marché, depuis Toussenel ! De son temps, à part quelques banquiers cosmopolites, le Juif avait fait relativement peu de mal encore : l'aristocratie le jetait à la porte de ses hôtels, la bourgeoisie le regardait d'un assez mauvais œil, et, si les prolétaires ne le maltraitaient pas par trop, c'est que devant eux il se dissimulait au point de n'être pas

(1) Consultez Toussenel, *les Juifs rois de l'époque;* Babeau, *la Vie rurale sous l'ancienne France;* Macaulay's essays, *Civil disabilities of the Jews :* idem, Barère, *Revue française,* juillet 1887, février 1888; Ed. Joukowski, *Judaïsme;* Kalixt de Wolski, *la Russie juive;* Philarète Chasles, *l'Angleterre politique;* Capitaine Perret, *Récits algériens;* N. Deschamps et Claudio Janet, *les Sociétés secrètes et la société;* Léo Taxil, *la France maçonnique;* Maxime du Camp, *les Convulsions de Paris;* Édouard Drumont, *passim.*

reconnu. Sous le second Empire le Juif releva la tête et devint outrecuidant : aujourd'hui, il domine, et vampire insatiable, se sature du sang de la France qu'il ne tardera pas à épuiser. Toussenel a signalé la première étape ; la seconde, celle de l'Empire, est décrite par M. Oscar de Vallée dans ses *Manieurs d'argent;* la troisième, dans les livres de M. Edouard Drumont.

Toussenel et M. O. de Vallée se lamentaient de la complicité indirecte et souvent inconsciente des non-juifs, victimes qui par nécessité se livraient à leurs bourreaux et devenaient leurs hommes liges. Ces victimes d'abord clairsemées devinrent une légion, et aujourd'hui, ce n'est plus une légion, c'est une armée considérable. Pour se maintenir, les judaïsants encore solides doivent suivre la même marche que les Juifs, user de procédés identiques et s'allier avec eux. Se rappelle-t-on, à l'époque du krach de l'Union générale, le président de la compagnie des agents de change déposant devant la justice, et faisant cette réponse à une question du ministère public : « Je ne pouvais à cette heure me trouver à la réunion de la compagnie : il fallait bien voir Rothschild auparavant. » Le pauvre homme est mort depuis.

Viennent ensuite les faibles qui entrent au service des Juifs comme commis subalternes, croupiers, coulissiers, remisiers, etc. Ils leur servent de rabatteurs, et le gibier chassé, ce sont les malheureux compatriotes, soit des naïfs, soit de pauvres gens dont la situation est compromise, une autre armée celle-là, mais une armée en déroute, sans munitions, sans vivres, sans chefs !

Aujourd'hui, Juifs et judaïsants ont entre leurs mains la haute banque, et à leur disposition la plupart des autres forces financières. Après avoir amoindri le grand commerce, ils se sont imposés au commerce moyen qu'ils ont presque absolument égorgé à leur profit, et ils pénètrent assez profondément dans les entrailles du petit commerce pour lui faire sous peu subir le même sort. C'est le début d'une faillite finale, d'une catastrophe universelle que le gouvernement semble appeler de tous ses vœux.

Le gouvernement, en effet, a arboré un drapeau : la protection du faible. Sous ce prétexte, il a enlevé toutes les barrières, et laissé pénétrer sans entraves tous les produits étrangers. Pour lui comme pour les grands-prêtres du libre échange, le consommateur est tout, le producteur n'est rien. Or, à part une très petite minorité, tout le monde est producteur en France, comme ouvrier des villes, ouvrier des champs, mineur, marin, etc. Si l'on protège la nation comme consommatrice et si comme productrice elle est négligée, il arrivera forcément qu'elle produira très peu ou pas du tout, et que, réduite à la misère, elle ne pourra plus consommer. Ce manque de protection pèse sur l'industrie, mais il est surtout la cause des souffrances de l'agriculture, souffrances si terribles, que cette grande nourricière, malgré d'héroïques efforts, est sur le point de succomber. Au moment où les fléaux de toute nature, phylloxera et autres venaient s'abattre sur elle, le gouvernement la laissait sans défense contre les envahissements de l'étranger. Il a toutefois consenti à ouvrir les yeux et il a accepté un misérable droit de cinq francs sur les céréales étrangères, obtenu malgré la résistance acharnée des soi-disant amis du peuple. Qu'était ce droit, après tout? Un journaliste, homme de bon sens, l'a qualifié comme il le méritait de *petit cataplasme.* Ce remède anodin dans le principe, et même onéreux pour le cultivateur au moment des semences, a produit aujourd'hui un effet assez utile. M. Drumont stigmatise comme elle le mérite la *Graineterie*, ce pacte de famine, cet agiotage juif sur la subsistance d'une nation. Malgré les déficits de la récolte 1888, malgré les vociférations de la presse radicale, le jeudi 15 novembre 1888 le ministre du commerce donna l'assurance que l'approvisionnement de l'année était assuré et obtint le maintien du droit de cinq francs, seul moyen d'entraver les manœuvres des *accapareurs*, des *affameurs* du peuple, membres d'un syndicat soi-disant étranger.

L'éleveur se trouve dans la même situation que le cultivateur proprement dit; plutôt que de produire à perte, il ne produit presque plus. Le marché est encombré de bétail étranger, et cependant on sait quel est partout le prix de la viande! Le résultat ne s'est pas fait attendre: dans beaucoup de départements, les fermiers ne payent plus le propriétaire depuis plusieurs années; d'autres abandonnent leur culture avant l'expiration du bail, laissant la terre épuisée faute d'engrais et leur cheptel réduit à zéro. Les baux terminés ne se renouvellent à aucun prix, même quand ce prix est dérisoire; on cite des propriétaires qui ont, non pas *avancé*, mais *donné* une somme d'argent à leurs tenanciers pour éviter leur désertion.

Voilà donc la valeur de la propriété territoriale en France diminuée de plus d'un tiers, comme au temps de Pline en Italie. Il en résulte que l'ouvrier rural, ne trouvant plus à vivre, émigre, non pas en Algérie ou en Amérique, mais vers la ville, où, comme jadis à Rome, il devient ce que l'on sait. M. Drumont en rend responsables la grande propriété et ses détenteurs les bourgeois, qui seuls ont profité de la Révolution de 1789, tandis que le prolétaire n'y a rien gagné. La preuve la plus décisive, il la trouve dans la distribution de la propriété territoriale, la grande propriété de 50 hectares et au-dessus englobant près de 18 millions d'hectares, tandis que 8 millions 600 000 cotes n'enchâssent qu'une contenance de 2 millions 576 000 hectares. Si ces chiffres sont exacts, les petits propriétaires, jadis, étaient plus nombreux et possédaient plus qu'aujourd'hui.

Le paysan n'a jamais profité que très lentement des progrès accomplis. A la fin de l'ancien régime il différait relativement assez peu de celui de la Renaissance, qui lui-même se rapprochait beaucoup du serf du moyen âge. Aujourd'hui, il est mieux nourri que vers 1789, époque à laquelle il ressemblait au campagnard de 1820 ; son vêtement n'est plus en retard d'une génération sur celui du citadin, et son logis plus spacieux, mieux couvert, n'est plus bâti au ras du sol. Cela, toutefois, ne se rencontre pas partout : dans certaines parties de la France, riches comme la basse Normandie ou pauvres comme la Bretagne, il n'a rien voulu changer aux horribles taudis qui l'abritent. Même dans l'Ile-de-France, là où ne passe pas une route un peu fréquentée, on peut rencontrer des demeures que l'on croirait destinées à des animaux.

La Bruyère et Saint-Simon servent d'autorité à un grand nombre de personnes qui trouvent très commode d'asseoir sur quelques phrases une opinion définitive. Le paysan était alors, par suite des guerres et des troubles atmosphériques, dans une situation lamentable, mais un peu plus tard le mal était réparé. On peut consulter avec fruit les voyageurs étrangers, les Anglais surtout, et parmi eux Locke, le plus sévère de tous ; ce ne sont pas de continuelles doléances ni toujours de sombres peintures. Arthur Young, un pessimiste, cependant, n'hésite pas à reconnaître le bien là où il le trouve, et il le trouve souvent ; le docteur Rigby, qui parcourut la France de Calais à Antibes en juin 1789, ne tarit pas sur la bonne culture et la fécondité des régions qu'il traverse.

Cet agronome distingué avait préalablement admis comme parole d'Évangile les assertions quelque peu exagérées de ses compatriotes et s'attendait à tout autre chose que ce qu'il voyait.

Un fait curieux, c'est l'accroissement de la population à partir de 1760, accroissement si considérable, qu'Arthur Young attribuait au trop grand nombre d'habitants la misère de certaines campagnes, le paysan n'étant plus en état de nourrir sa famille. Maintenant on n'entend plus de semblables plaintes : comme le bourgeois, le paysan ne veut plus qu'un nombre restreint d'enfants. Il n'est plus comme jadis fanatique de la terre, se contente de ce qu'il a, et préfère des valeurs quelconques à la propriété immobilière ; *il est dans le mouvement*. Le temps n'est plus où il achetait des champs minuscules qu'il ne pouvait payer, s'endettait et se faisait exproprier. Mais, si le type de l'usurier de village tend à disparaître, l'avenir n'en est pas meilleur pour l'homme des campagnes. Les grandes sociétés financières s'écrouleront les unes après les autres : pour lui comme pour le citadin, les valeurs deviendront de simples morceaux de papier, une autre sorte d'expropriation, sans formalités, sans frais judiciaires. La féodalité financière, elle, aura pris ses mesures et se sera engraissée du désastre.

Le nombre des petits propriétaires qui ne peuvent vivre de leur bien et sont dans la nécessité de travailler pour autrui est considérable, mais plus considérable encore celui des ouvriers agricoles qui ne possèdent absolument rien. Ces derniers fournissent le contingent le plus nombreux à l'émigration vers la ville, qui leur offre d'irrésistibles attraits. Des bruits sinistres se propageaient dernièrement : on parlait d'une double ligue, celle des fermiers coalisés contre les propriétaires, et celle des ouvriers campagnards, dont les adhérents promettaient leur concours au seul fermier, le refusant au propriétaire, qui essayait de cultiver lui-même. Cette double ligue semble avoir existé dans un certain nombre de départements limitrophes de Paris, et principalement celui de l'Aisne, le plus maltraité de tous ; il en est moins question aujourd'hui.

Si la féodalité ne paraît pas avoir été une époque de trop grande misère pour l'homme des campagnes, l'ancien régime n'a pas été et l'époque actuelle n'est pas son âge d'or. C'est toujours lui qui a supporté la plus large part dans les charges publiques et dont les bénéfices ont été le plus restreints. Que l'on compare les impôts payés par lui à ceux dont se plaignent les citadins riches et l'on verra combien, proportionnellement, il est obéré ! Qu'est-ce, relativement à leurs gains, que la patente d'un gros banquier ou d'un grand magasin, si forte qu'on la suppose, quand on la compare à ce que doit payer le pauvre paysan?

Accablé d'impôts, vendant mal ses denrées, celui-ci finira par perdre patience et ne voudra plus que ses enfants si peu nombreux aujourd'hui soient des cultivateurs comme lui. A sa mort, ceux-ci devenus citadins vendront à perte le petit domaine paternel qui ira rejoindre les grandes propriétés dans la main des accapareurs. Ces accapareurs, on les connaît: les Juifs achètent la terre du propriétaire appauvri comme ils acquièrent les soldes des commerçants ruinés.

C'est ce qui était arrivé en Alsace et en Lorraine après 1789, les Juifs ayant été relevés de leurs incapacités politiques. La moitié du pays était frappée de l'hypothèque juive; des villages entiers étaient adjugés aux sémites. Napoléon n'hésita pas et publia une ordonnance qui annulait toutes les créances juives de l'année courante. En 1806, le 6 avril, en plein conseil d'État, il prononçait l'allocution suivante : « *La loi doit entrer partout où la ruine menace le bien-être...* Nous devons considérer les Juifs non seulement comme une secte distincte, nous devons les traiter comme un peuple étranger. Ce serait une humiliation trop grande pour la nation française que d'être gouvernée par la race la plus basse du monde. Les Juifs sont les véritables brigands, les vampires de notre temps. Peut-être serait-il bien de les détacher des provinces limitrophes et de les disperser par tout le pays : on pourrait ainsi arracher de leurs mains le commerce déshonoré par l'usure. »

Le remède n'était pas des meilleurs : on n'arrête pas une épidémie en semant des pestiférés par tout un royaume. Napoléon, qui ne souffrait pas *un État dans l'État*, consentit cependant à maintenir les droits civils aux Juifs après convocation d'un Sanhédrin qui prit certains engagements. Le Sanhédrin n'étant reconnu par les Juifs d'aucun pays, pas plus d'ailleurs que ceux de France, ses décisions ne furent pas exécutées. Les Juifs reprirent leurs allures habituelles, favorisées par leur état nouveau, et il s'éleva contre eux une telle clameur que Napoléon dut rendre l'ordonnance du 17 mars 1808. Cette ordonnance annulait les dettes contractées par les femmes, les mineurs et les militaires envers les Juifs, refusait à ceux-ci toute action judiciaire pour un intérêt supérieur à 10 pour 100 et interdisait aux Juifs étrangers l'accès du territoire français, à moins qu'ils n'eussent pour but de s'occuper d'agriculture. Le premier pas était fait; mais

Waterloo sauva Israël ; la Restauration oublia les Juifs qui conservèrent ainsi leurs droits civils ; on voit l'usage qu'ils en font.

Quand on songe à la formule talmudique de l'*Alliance israélite universelle : Tous les Juifs pour un seul, chacun pour tous*, on voit combien est exacte la formule de Napoléon, *un État dans l'État*. Le Juif a sa loi particulière, de même que le chrétien a sa religion, avec cette différence capitale que pour le Juif la loi religieuse et la loi civile ne font qu'un. « Le Juif, dit Renan, depuis la dispersion jusqu'à nos jours, s'est glissé partout, demandant les droits de tous. Mais en réalité, il n'était pas dans les termes du droit commun ; il conserva ses statuts personnels et demanda les droits et les faveurs du pays outre les privilèges qu'il tirait de sa loi spéciale. Il voulait profiter des droits du peuple sans être membre de ce peuple... »

On a beaucoup parlé du Talmud : on sait que ce n'est pas un code, mais un immense assemblage de décisions de toutes sortes relatives aux faits innombrables de la vie journalière, aux rapports que les Juifs peuvent avoir entre eux et avec les infidèles. Ce qu'on sait moins, c'est la manière dont cet amas de documents (*une mer sans fond*) est interprété et comment s'applique cette interprétation.

Le Talmud existe seulement depuis la dispersion du peuple juif auquel l'empereur Adrien avait laissé sa loi et sa personnalité en lui arrachant son territoire. Il ne voulait plus des soulèvements continuels qui amenaient de si terribles représailles et ne voyait de danger que dans la concentration de ses ennemis. L'expérience ne lui avait pas appris combien cette race avait de vitalité et combien ces hommes, toujours en rapport les uns avec les autres, se tenaient étroitement. Il espérait, comme Napoléon Ier, voir bientôt les restes d'Israël se noyer dans l'immense multitude des nations formant l'empire de Rome. Son erreur ne tarda pas à être reconnue : les Juifs, exaspérés par la persécution, jurèrent de se venger sur l'humanité tout entière. Leurs chefs les confirmèrent dans l'idée qu'ils étaient le peuple de Dieu, qu'ils deviendraient les rois du monde, et tout en continuant à respecter le vieux livre, le *Thora*, ils composèrent le Talmud, écho de leurs haines, satisfaction de leurs convoitises. Il y est dit que les Juifs seuls ont une âme, que les autres peuples en sont privés, que le Messie rendra aux Juifs leur puissance royale, que tous les autres peuples leur seront soumis et que tous les royaumes seront sous leur domination... *Tous ces autres peuples et surtout les chrétiens viennent du diable et de Jésus-Christ. — Dieu a donné au Juif droit et pouvoir sur la propriété et le sang de tous les autres peuples. —Le Juif peut voler le chrétien, puisqu'il est dit : Ne porte aucun dommage à ton prochain et ne le vole pas; mais il n'est pas question du goy qui n'est pas Juif et ne saurait être le prochain d'un Juif. — Il est permis de frustrer l'infidèle et de lui prêter à usure; mais, si l'on vend au Juif ou si on lui achète, il n'est pas permis de tromper son frère. —Il est permis de tuer l'infidèle. — Tu travailleras à ton salut en tuant le renégat*, etc., etc.

Les rabbins sont les commentateurs du Talmud, des prédicateurs autorisés, des savants que l'on aime à entendre et qu'on recherche pour présider les cérémonies; mais leur rôle s'arrête là. Leur présence n'est pas obligatoire et le Juif a le droit d'accomplir seul tous les actes religieux. A plus forte raison le rabbin n'est-il rien au point de vue de la politique, ce qui fait comprendre pourquoi le Sanhédrin imaginé par Napoléon Ier ne pouvait obliger aucun Juif ni s'obliger lui-même. Ce qui s'impose au peuple juif, ce qui fait sa force, réside dans deux institutions auxquelles il doit une obéissance aveugle : le *kahal*, qui représente le gouvernement administratif, et le *bet-dine*, tribunal judiciaire qui en dépend. L'interprétation du Talmud ayant été donnée par les rabbins, ce sont ces deux institutions qui se chargent de l'appliquer.

Les Juifs ont divisé en districts les localités qu'ils habitent dans le monde. Chaque district a son kahal et son bet-dine élus suivant des formes particulières et rattachés à ceux des autres districts par des liens qui facilitent leurs communications. Le kahal est un despote qui règle jusqu'aux moindres questions de forme, perçoit des contributions, exclut qui il juge à propos de la corporation juive, donne son avis sur les points litigieux tant que les procès ne sont pas entamés, décide des rapports à intervenir entre Juifs et infidèles et renvoie au bet-dine les contrevenants. Nul appel des décisions du kahal non plus que de celles du bet-dine (1).

Comme on le voit, il serait difficile d'imaginer un État plus isolé et plus à part dans un autre État. On se rendra mieux

(1) C'est le kahal qui détermine le droit d'exploitation de la personne et des biens des infidèles en faveur de ses *Mcropii* et ses *Chazek*.

compte encore de l'influence du kahal en pensant au nombre considérable des confréries juives sur lesquelles s'étend sa toute-puissance et qui s'inclinent devant ses décisions avec la même obéissance que les simples particuliers.

Très solidement organisé, au point de vue de ce qu'on peut appeler l'*intérieur*, l'État juif au point de vue de l'*extérieur* manquait de lien et d'action. Les Juifs, se sentant assez forts pour traiter de puissance à puissance avec les gouvernements, ont créé l'*Alliance israélite universelle* qui a fonctionné tout de suite grâce à sa très simple organisation, possible seulement chez une nation aussi disciplinée. Tout Juif peut faire partie de l'Alliance, moyennant une cotisation de 6 francs par année. Un comité central composé de soixante personnes, élues par les membres de l'Alliance, siège à Paris. Il reçoit toutes les communications, il réunit tous les dons et toutes les cotisations, soit directement, soit par l'intermédiaire des comités locaux et régionaux qui lui sont subordonnés. Comme le kahal, il a la haute main sur les sociétés juives sans nombre établies dans le monde entier. Disposant de la presse juive si répandue et si influente, il s'est créé un organe spécial, le *Bulletin de l'Alliance universelle*. Qu'on ne s'étonne donc plus de voir le Juif faire la loi quand il s'agit de la nomination d'agents diplomatiques on consulaires, et obtenir ce qu'il veut comme au congrès de Berlin, où le représentant de la France laissa l'Angleterre prendre Chypre et annoncer son intention de s'emparer de l'Égypte, à la condition que les Juifs de Roumanie jouiraient des droits civils. Le personnage en question fut bien récompensé! On l'envoya comme ambassadeur à Londres, puis ensuite à Saint-Pétersbourg!

Le Juif a horreur du travail manuel, qui ne mène presque jamais à l'influence et à la fortune : à lui le négoce, l'agiotage, la prépondérance dans les diverses Bourses du monde entier. A lui la terre dont il a fait son gage par des prêts coûteux : nul autant que lui n'est détenteur de titres du Crédit foncier et acquéreur de terres vendues par les propriétaires ruinés. En France, il a pénétré partout, dans la haute administration, dans les carrières libérales, dans l'armée, dans la magistrature. Son action est plus avouée, plus officielle qu'en Roumanie, où cependant elle paraissait avoir atteint son maximum d'intensité. La France est la terre promise du Juif : plus riche que le Français sa victime, il se pose aujourd'hui en véritable supérieur.

M. Léon Kahn, secrétaire adjoint du Consistoire israélite de Paris, vient de faire paraître un livre intitulé *les Juifs à Paris depuis le sixième siècle*, dont M. Zadoc-Kahn, grand-rabbin de Paris, a écrit la préface. « La déclaration des droits de l'homme, dit M. Zadoc-Kahn, l'abolition solennelle de toutes les lois d'exception, furent la revanche de la justice, de l'humanité et de la tolérance. » Le livre énumère les Juifs entrés aujourd'hui au Sénat, à la Chambre, à l'Hôtel de ville de Paris, au conseil d'État, aux diverses Écoles et Facultés, aux ministères, à l'armée, dans la magistrature, dans les carrières libérales, et ceux qui se sont fait connaître comme artistes ou savants. Il donne une statistique instructive sur l'accroissement d'Israël à Paris depuis 1809.

Ils étaient à cette date.........	2704
En 1852....................	20000
En 1859....................	30000
En 1888....................	50000

On a fait remarquer que, comme nombre, c'est une bien petite proportion relativement à l'importance des situations acquises. C'est possible; mais à part quelques hommes éminents, combien de médiocrités sans le concours et le secours de la secte seraient demeurées dans l'oubli!

On sait que les Juifs sont divisés en *mosaïstes* et *talmudistes*, ces derniers beaucoup plus fanatiques et plus cruels, comme on a pu le constater d'après les citations tirées de leur livre, dont les préceptes sont le dernier mot de l'atrocité. Entre eux, ils se pardonnent difficilement leur doctrine réciproque, mais tout cède devant l'intérêt de la nation. Ils font toujours partie du peuple de Dieu, et ne cherchent à s'exclure ni de l'Alliance israélite, ni d'aucune dignité, d'aucun emploi juifs. On en a la preuve par le livre même de M. Léon Kahn, mosaïste comme son frère le grand-rabbin. Si les mosaïstes niaient les agissements des talmudistes, pousseraient-ils leurs cris de triomphe en constatant les progrès continus d'Israël à Paris, progrès dus à ces agissements seuls?

Ce qu'il faut conclure de l'examen de cette statistique, c'est qu'en quatre-vingts ans le nombre des Juifs à Paris seulement a augmenté dans la proportion de 500 à 27, c'est-à-dire de plus de *dix-huit fois*. Combien seront-ils dans vingt ans d'ici, et quelle sera la part des *goym?*

On connaît l'énergique résistance de la Prusse aux envahissements d'Israël. La Pologne et l'Autriche sont de vieux pays qui se sont laissé longtemps dévorer sans résistance. Aujourd'hui, la lutte commence, entreprise en Pologne par le gouvernement russe lui-même, en Autriche par la population que son gouvernement abandonne pour favoriser l'ennemi (1). La Russie, trop jeune encore, n'a pas acquis une vigueur en rapport avec la rapidité de sa croissance : aussi se laisse-t-elle pressurer avec excès. Cet excès même sera la perte du Juif : de toutes parts surgissent, non pas des protestations comme en Roumanie, non pas des conflits, mais des représailles d'une violence extrême. Aussi la situation du Juif n'est-elle plus aussi bonne pour lui qu'il y a fort peu d'années encore; il commence à chercher en dehors de l'empire russe une existence moins agitée et moins précaire.

La Pologne parviendra probablement à se soustraire au joug des Juifs, si l'empereur Alexandre III continue à s'intéresser à son sort. Déjà, par la création d'une banque spéciale qui prête à long terme et sans intérêts, il permet au paysan de n'avoir plus recours à l'usurier israélite. Aujourd'hui, l'absorption de la terre par le Juif est devenue à peu près impossible.

Un ukase du 14 mars 1887 vient de régler pour l'avenir le droit de propriété du sol par les étrangers dans le royaume de Pologne, la Lithuanie, la Podolie, l'Ukraine, la Bessarabie, la Courlande, la Livonie, toute une région dont la superficie dépasse celle de la France, avec une population de vingt-trois millions d'habitants. L'acquisition de la propriété foncière en dehors des villes et des ports n'est plus permise aux étrangers, pas plus que son exploitation même à titre de régisseurs ou de fondés de pouvoirs; ils peuvent garantir leurs créances par une hypothèque, mais non se rendre acquéreurs en cas d'expropriation forcée. Ils ne peuvent acquérir ou transmettre ces biens par héritage en ligne directe ascendante et descendante ou entre conjoints, que si l'héritier est déjà fixé en Russie depuis plus de trois ans. Dans les autres cas de succession, l'héritier devra, dans l'espace de trois ans, vendre ces biens à un sujet russe.

Telles sont les dispositions principales; on a commencé en France par féliciter hautement le gouvernement russe,

(1) Les choses en sont venues à ce point que dans les provinces allemandes de l'Autriche, on crie: *Vive Guillaume*, préférant la main de fer de Bismarck à la main crochue du Juif!

sans se douter de la portée réelle de cet acte exceptionnellement arbitraire que l'on croyait dirigé contre les seuls Allemands du Nord. En réalité, les Allemands du Sud, Autrichiens ou Tchèques, en souffraient bien davantage, et surtout les Polonais de naissance devenus étrangers par suite du partage de leur pays. A qui donc l'ukase devait-il profiter?

On sait que depuis plus d'un siècle le Russe implanté en Pologne sur les terres arrachées aux particuliers et au domaine public n'a pu y faire souche de propriétaires malgré les tributs prélevés sur le Polonais pour fournir des subsides de colonisation. Nul n'ignore que depuis l'insurrection de 1862, dans le but de punir la noblesse présumée auteur unique de la révolte, on avait autorisé les Juifs à posséder des terres en Pologne et même à y acquérir des titres de noblesse. La mesure avait produit ce qu'on en espérait. En vingt-cinq ans, 500 500 *morgui*, c'est-à-dire plus de 440 000 hectares avaient passé aux Juifs!

L'empereur protège la Pologne et n'aime pas les Juifs. Il comprit le danger et nomma une commission spéciale pour proposer une modification définitive aux diverses dispositions qui, y compris l'ukase du 14 mars, règlent le mode d'acquisition des terres par les étrangers. Cette commission proposa de ne plus permettre aux Juifs de posséder plus de vingt arpents de terre qu'ils devront cultiver eux-mêmes sans avoir recours à des ouvriers chrétiens, sous peine de confiscation immédiate. Des fonctionnaires spéciaux seraient créés pour veiller à l'observation de cette loi qui accorde une prime aux dénonciateurs, loi de salut fort probablement promulguée à l'heure qu'il est.

Si, depuis quelques années, la Russie progresse beaucoup trop rapidement pour subir la lourde tutelle israélite, elle n'est pas encore de force à s'en délivrer sans loi d'exception. L'Angleterre, elle, peut impunément ouvrir aux Juifs ses portes toutes grandes, même celles du Parlement, même celles du palais de ses souverains. Jadis, elle était pauvre en population, en agriculture, en commerce, en tout. Une race privilégiée, une cour avide épuisaient la nation qui, incapable de se passer des Juifs, avait dû restreindre les droits de ceux-ci pour éviter d'être absorbée par eux. Lorsque, en un peu plus d'un siècle, l'Angleterre fut parvenue à la hauteur que l'on sait, elle songeait fort peu à relever les Juifs de leurs incapacités. Macaulay prit en main leur cause, non pas qu'il les aimât, mais parce qu'il jugeait son pays trop fort pour les craindre. A ses yeux, ils formaient une secte comme beaucoup d'autres, très intolérante, très exclusive, très égoïste, mais beaucoup moins redoutable que les protestants en France et les puritains sous Laud aux seixième et dix-septième siècles. La persécution, les mesures sanguinaires avaient porté au comble l'exaspération de ces derniers, et cependant, une fois devenus libres, ils avaient cessé d'être dangereux. On ne pouvait leur comparer les Juifs de 1831, beaucoup moins maltraités et par conséquent beaucoup moins aigris : donc, le gouvernement était seul responsable de leur non-patriotisme. Il suffisait de leur accorder les droits de tous pour leur donner une patrie véritable qu'ils aimeraient comme tous les autres citoyens. Tel est l'avis de Macaulay auquel on n'est pas tenu de se conformer.

Les États-Unis craignent le Juif encore moins que l'Angleterre. Dans cette agglomération de tant de millions d'hommes tous débordants de sève et presque uniquement occupés à amasser de grandes fortunes, les Juifs sont bien faibles et bien arriérés. On n'a aucun besoin d'eux; l'argent circule sans eux qui peuvent négocier, mais ne savent pas produire. Cependant l'émigration des Juifs russes et polonais a pris depuis plusieurs années un développement étrange. De 1817 à 1871, pendant vingt-cinq ans, elle n'avait été que de 9788 individus, soit une moyenne de 392 émigrés. A partir de 1872, elle a décuplé : depuis quinze années, le nombre des émigrants a monté à 128 159 individus, soit 8543 par an. En 1888, elle dépassera probablement 50 000.

Après une période de misère qui avait ramené nombre d'émigrants dans leur pays, tout ce monde a fini par trouver à vivre, mais petitement, et dans des métiers infimes. A New-York, toutefois, la colonie a ses associations ouvrières, ses journaux, ses écoles, son théâtre, etc. ; elle aura sans doute, comme groupe politique, sous le nom de Juifs russes, à participer sous peu aux élections politiques de la ville. Quoi qu'il en soit, d'ici à une époque impossible à prévoir, les Juifs ne sauraient être un danger pour les États-Unis. Ils vivront entre eux sans exploiter les autres, et plus il en viendra en Amérique, plus ils débarrasseront la Russie à laquelle ils font tant de mal (1).

(1) Au Brésil, les esclaves, après leur émancipation, se refusèrent à toute espèce de travail. Il en résulta que les terres sans culture ne rapportèrent plus rien et que les propriétaires se sont endettés pour vivre. Aujourd'hui, ils ne peuvent se libérer. Les Juifs, accourus en

Traqués en Europe pendant si longtemps et à tant de reprises, les Juifs trouvaient toujours un asile dans les États du pape, beaucoup trop puissant pour redouter leur présence. Les musulmans, dont ils abusent, les supportent; mais ils les enferment dans leurs ghettos, comme on le faisait jadis en Europe, et les humilient chaque fois que l'occasion le permet. Étrange nation juive! Toujours prisonnière de ses esclaves! Les M'zabites, une secte aussi exclusive que les Israélites, aussi dépourvue de scrupules envers le non-croyant, aussi habile dans le négoce et le trafic, les tolèrent dans leur heptapole, où ils végètent misérablement.

Il n'y a aucune ressemblance entre la religion du Juif et celle du musulman, à moins qu'on ne leur applique cet adage : *les extrêmes se touchent*. Le Juif, le Juif vulgaire s'entend, et on le trouve à tous les degrés de l'échelle sociale, n'a pas de notions bien exactes sur la vie future, et serait fort embarrassé de trouver une différence entre le paradis et l'existence des gens qui réussissent ici-bas. Il s'adonne avec la plus scrupuleuse exactitude à ses pratiques religieuses; mais c'est beaucoup moins par crainte de l'enfer que des malheurs dont ce Dieu cruel et impitoyable ne manquerait pas de le frapper en ce monde, s'il devenait moins fervent. Ce Dieu n'est pas toujours terrible; il devient même très bienfaisant! Il permet, comme on le sait, tous les meurtres, tous les vols commis sur les infidèles, bien plus! il les ordonne. Il favorise toutes les turpitudes, toutes les cupidités, il développe tous les instincts les plus pervers, à la condition qu'on se soumette à quelques rites un peu gênants, un peu ridicules, un peu malpropres. Comment ne pas lui obéir?

Le musulman est, lui aussi, aimé à l'exclusion de tous autres par Allah, qui lui impose les pratiques religieuses les plus sévères, et exige de lui l'obéissance la plus absolue. Le vrai croyant doit se soumettre aveuglément aux envoyés de Dieu; il doit à la cause sainte non seulement ses biens, mais encore son existence et même celle des siens. La vie, sur cette terre, n'est pour lui qu'une épreuve vers l'éternité heureuse ou malheureuse suivant ses mérites, enfer ou paradis. Et quel paradis! La jeunesse perpétuelle, la satisfaction de toutes les jouissances semblables à celles de la terre, mais

nombre, après avoir fourni les fonds à des taux usuraires, s'emparent du sol à vil prix, et deviendront sous peu les maîtres absolus de la situation.

incomparablement plus vives et plus multipliées. C'est pourquoi il se sacrifie sans hésitation à la volonté divine, en vue de cette éternité physique que les esprits les plus bornés peuvent comprendre, et qui lui donnera à l'infini le bonheur si peu répandu ici-bas (1).

Si l'Arabe et le Turc étaient âpres au gain comme le Juif, la chrétienté courrait de plus grands risques. Après l'avoir mise plusieurs fois à deux doigts de sa perte, ils se sont cantonnés dans leurs positions acquises, éliminant autant que possible les autres nations de chez eux, et se gardant bien d'envoyer au dehors des colonies pacifiques. Que serait-il arrivé s'ils avaient émigré en nombre suffisant pour se gonfler de la substance des peuples ennemis, puis, avec la puissance de l'or accumulé, ouvrir les routes à leurs innombrables coreligionnaires? Qu'on se figure les Juifs d'Europe pouvant tendre la main à d'autres Juifs réunis en nations guerrières par nature et armées admirablement grâce aux subsides fournis au détriment des *goym?*

Le Juif a beaucoup contribué à amoindrir l'Arabe; il est sa sangsue et l'aurait exténué bien davantage si celui-ci, en le confinant dans son ghetto, ne l'avait, somme toute, tenu sous sa domination. Souvent l'agglomération israélite a dû rendre gorge, sous peine de se voir exterminer. Aujourd'hui, la situation est devenue tout autre, dans les possessions françaises d'Afrique. Le Juif acquiert, en Algérie, une situation à laquelle il ne se serait jamais attendu, et qui, si les chose continuent, finira par devenir absolument prépondérante.

Tout le monde connaît le décret du 25 octobre 1870, décret dû à Crémieux, ce pilier sinon ce fondateur de l'*Alliance israélite universelle*, ce Juif le plus fanatique de tous malgré sa fausse bonhommie, le plus ancré dans son judaïsme malgré les dehors sceptiques qui le faisaient croire uniquement attaché à ses intérêts personnels : tous les Juifs d'Algérie étaient admis à la jouissance des droits civils! Crémieux est, sans nul doute, parmi les contemporains, ce qu'Israël a produit de plus complet au point de vue de l'intelligence. La place que les Juifs tiennent aujourd'hui dans la société est due beaucoup plus à leur cohésion et à leur haine de l'humanité

(1) Ceci est vrai pour le musulman vulgaire qui se rencontre, lui aussi, à tous les degrés de l'échelle sociale, mais ne saurait s'appliquer à des chefs de sectes, dont les conceptions sur le Paradis rappellent beaucoup celles de Dante.

qu'à la supériorité de leur esprit. Chez eux, la persévérance et le travail l'emportent sur tout le reste, deux qualités qui font défaut à la race non-sémite, avide de jouissance et désunie. A part la musique, où souvent il excelle, le Juif ne s'est jamais élevé au point culminant de l'art, de la science, de la poésie, de la littérature. Son seul grand poète moderne est Henri Heine, qui l'a fréquemment maltraité. Crémieux, lui, était parvenu au sommet de l'éloquence judiciaire; quelques-unes aussi de ses improvisations à la tribune sont restées; mais là où il s'est montré incomparable, plus encore qu'au barreau où quelques-uns placés au premier rang avec lui le dépassaient de beaucoup, c'est comme tribun populaire, lorsqu'il lui arrivait, en 1848, de haranguer des députations et quelquefois des foules. Il ne leur parlait que pour les berner : c'est là probablement le secret de sa puissance.

La révolution de 1870 n'a plus trouvé qu'un débris humain à bout non pas seulement d'idées, mais encore de mots, et c'est ce petit vieillard au teint livide, aux joues pendantes, au nez écrasé, aux yeux perdus au fond de trous qu'on eût dit percés par une vrille, titubant sur deux jambes torses, qui employait le reste de ses forces et de son intelligence à servir la sacro-sainte nation hébraïque au détriment de la France, broyée alors par le talon de la Prusse!

Le moment était bien choisi pour favoriser ainsi la partie la plus détestable et la plus détestée de la population africaine. La nouvelle du 4 Septembre avait suscité à Alger une effervescence incroyable. Des Juifs, des Italiens, des Maltais, de la canaille espagnole et française s'étaient rués sur le général Walsin-Estherazy et son aide de camp, le capitaine Lemoine, que l'amiral Fabre de la Maurelle avait eu mille peines à leur arracher. On ne pouvait compter sur l'agent envoyé par le gouvernement de la Défense nationale, pas plus que sur le maire, un sieur Wuillermoz, auteur d'une histoire de la Révolution, où, comme le ministre Deluns-Montaux, il fait tenir par Robespierre, Danton et Marat les flambeaux de la justice, du droit et de la vérité. Ces gens se trouvaient trop bien au milieu du désordre pour tenter de le refréner; ils renvoyaient même les troupes permanentes, sous le prétexte que la colonie était assez forte pour se défendre par elle-même.

Chose étrange! Les Arabes attendirent pour se soulever. Ils contemplèrent avec stupeur les crimes révolutionnaires des villes, et, tandis qu'ils se faisaient tuer avec héroïsme sur les champs de bataille où jamais un israélite n'avait paru, les synagogues, à chacun des revers de la métropole, regorgeaient d'une foule enthousiaste qui venait rendre grâces au Dieu des combats !

Cette fois, la mesure était comble. Cette race méprisée et méprisable qu'on venait d'élever au-dessus d'eux insultait la France pour laquelle ils venaient de verser leur sang. Les sectes religieuses si vivaces et si puissantes en Algérie mirent à profit cette juste colère, et l'insurrection qui éclata fut l'une des plus difficiles à réprimer. Une fois l'ordre rétabli, rien n'était plus simple que de rapporter le décret : mais l'amateur de formules, Thiers, se retrancha derrière les *droits acquis*. Le maréchal de Mac-Mahon, qui connaissait bien l'Algérie, ne put rien faire, et les choses restèrent dans le même état. Personne n'eut l'idée de se rendre en Afrique pour constater ce que les Juifs valent là-bas. On aurait reconnu des choses bien étranges ! Cette race domine à Alger, menace à Constantine, fait la loi dans les oasis. C'est là qu'il faut la voir, hideuse, rongée de maladies sans nom, se confinant par habitude dans ses quartiers sordides, et grâce à sa concentration, sachant se faire une large place dans les municipalités.

On devrait se rappeler qu'en Algérie on compte seulement 280 000 sujets français y compris l'armée et les Juifs naturalisés, sur 214 000 étrangers, dont bon nombre d'Italiens, et 2 700 000 musulmans. Qu'on suppose une guerre européenne malheureuse ou une nouvelle Commune, que deviendraient le Français en présence d'une aussi grande quantité d'ennemis ? Le bon sens le plus vulgaire conseillerait de s'attacher les Arabes qui ont pour eux le nombre, c'est-à-dire la force, dût-on mécontenter les Juifs qui sont relativement à eux une petite poignée d'hommes. On semble, au contraire, s'évertuer à les rendre nos ennemis irréconciliables, on les excepte de l'amnistie, on les séquestre, on les maltraite, on les écrase d'impôts. N'avait-on pas eu l'idée de les exproprier en grand au profit des Juifs ? On oublie que ces gens, soumis aux plus farouches mah'dis, n'attendent qu'un signal pour lever l'étendard de la guerre sainte ! On payera cher leur résignation du moment si on ne change de conduite à leur égard ; Israël, cette fois, ne pourra échapper à leur vengeance.

Voici ce qui vient de se passer tout dernièrement à Constantine. Le Gouvernement demandait l'avis du conseil général sur le mode de nomination des indigènes à cette assemblée :

serait-ce par l'élection libre ou bien par le préfet? Le conseil consentit à accueillir les musulmans, mais seulement avec voix consultative; sinon, il proposait pour eux un conseil particulier relatif aux seules affaires musulmanes.

Ab uno disce omnes.

Il est complètement inutile de rappeler des choses par trop connues, telles que la fameuse caravane parlementaire qui s'est promenée dernièrement aux frais des contribuables en Algérie et en Tunisie. L'Algérie n'a rien obtenu; quant à la Tunisie, il n'est pas plus question qu'auparavant, soit de creuser un port à Bizerte, soit d'améliorer le sort des colons par une revision bien entendue des tarifs douaniers qui rendent leur position si difficile. On lui a donné une splendide compensation en créant des sinécures grassement payées, que remplissent de petits jeunes messieurs très capables... de toucher leurs traitements.

2° LES FRANCS-MAÇONS ET LES RÉPUBLICAINS

Qui dit républicain ne dit pas franc-maçon, mais qui dit franc-maçon dit certainement républicain. Le franc-maçon et le Juif sont faits pour se comprendre : si leur but diffère un peu, leur organisation est analogue. Le Juif est à la fois un exploiteur et un ennemi; le franc-maçon, qui ne devrait pas être un ennemi, est, avant tout, un exploiteur (1).

Au siècle dernier, la Franc-Maçonnerie a été la plus dangereuse des sectes. Il est avéré aujourd'hui qu'on lui doit l'assassinat de Louis XVI et de Gustave III, comme aussi l'établissement du régime de la Terreur. Elle commença par donner à Napoléon Ier un appui qu'elle lui retira lorsqu'il fit cesser la persécution du clergé et songea à l'Empire. Les deux ennemis des francs-maçons étaient, avant tout, le catholicisme, puis, à un degré presque égal, l'autorité d'un maître unique, roi ou empereur. C'est ce qui explique la démarche anti-nationale faite, en leur nom, par Charles Teste, plus tard ministre prévaricateur (2) de la monarchie de Juillet, auprès des princes alliés en 1815 : la Franc-Maçonnerie leur demandait comme souverain, en haine des Bourbons catho-

(1) Il ne faut pas oublier que les Juifs sont presque tous francs-maçons.

(2) Un bien petit prévaricateur si on le compare à ceux qui ont suivi!

liques et sans doute autoritaires, un étranger, le prince d'Orange, Hollandais et protestant!

La Franc-Maçonnerie parut si redoutable, qu'en 1822, au Congrès de Vérone, des mesures sévères furent prises contre elle par les empereur d'Autriche et de Russie, mesures auxquelles le troisième membre de la Sainte-Alliance, le roi de Prusse, refusa de s'associer. Rien de moins étonnant! Le *Tugenbund* formé contre Napoléon Ier et fondu avec les sectes maçonniques, comme un peu plus tard les *ventes* de carbonari, avait pour but une Allemagne unifiée dans la main du roi de Prusse, dont le passé lui causait moins d'ombrage que celui des autres monarques, catholiques et autoritaires de naissance et fort peu disposés à modifier leur manière d'agir. Plus tard, deux événements imprévus servirent en France les desseins de la Franc-Maçonnerie, l'assassinat du duc de Berry qui rendit 1830 possible, et la mort du duc d'Orléans sans laquelle 1848 n'eût probablement pas éclaté. Cela survenait étrangement à point pour elle, comme de nos jours la fin tragique du prince impérial dans le Zululand. Sous Louis-Philippe, après des révoltes nombreuses, elle paraissait s'être résignée à des allures pacifiques. Le saint-simonisme, si cruellement flagellé par Toussenel, était devenu son modèle : ses adeptes les plus âpres se servirent de l'appui mutuel qu'ils se prêtaient pour s'enrichir et parvenir aux situations les plus élevées en politique comme en finance. C'est alors que se fortifia la féodalité bourgeoise dont la banque juive devint le pivot, féodalité que la chute de Louis-Philippe désespéra d'abord, mais qui, sous le régime suivant, devait prendre des forces nouvelles.

Le malheureux Napoléon III ne fut pas le maître de son despotisme; il agit continuellement sous la pression de la Franc-Maçonnerie, qui, d'un moment à l'autre, pouvait le priver de sa couronne. Il se vit forcé, après avoir vaincu la Russie autoritaire et religieuse, de créer l'unité italienne malgré l'intérêt contraire de la France; il y allait de sa vie et de celle des siens! On se rappelle le concert d'outrages qui s'éleva contre lui pour n'avoir pas poursuivi sa marche jusqu'à l'Adriatique, dût la France en périr. Mauvais Français, les républicains, tous francs-maçons comme aujourd'hui, se souciaient fort peu du succès des armes de la patrie; beaucoup soupiraient ouvertement après une défaite qui eût amené la chute de la dynastie impériale. Les mêmes aspirations se manifestèrent lors de la guerre entre l'Autriche et la Prusse;

cette engeance maudite n'avait pas changé depuis le Tugenbund! Républicains français, radicaux allemands, tout cela espérait l'unification de l'Allemagne sous le sceptre des Hohenzollern avec médiatisation des princes allemands. Que de clameurs et d'exultations après Sadowa!

Ce n'était rien auprès des acclamations qui accompagnèrent la nouvelle du désastre de Sedan! Aussitôt l'Empire tombé, on courut aux Tuileries fouiller dans les papiers intimes de l'Empereur, soi-disant pour y trouver la trace de trahisons antinationales, en réalité afin d'anéantir ce qui prouvait un accord antérieur entre le souverain vaincu et la secte victorieuse. Sedan était en effet un triomphe pour les francs-maçons: leur règne allait commencer définitivement sur une France démembrée et avilie. Que leur importait, après tout, à eux et aux Juifs? Ils se partageraient une proie bien belle encore, malgré les malheurs du moment.

Gambetta était tout porté pour représenter la France en délire. Sa faconde emphatique et creuse, ses lieux communs retentissants assourdissaient les uns, entraînaient les autres, trompaient tout le monde. Ce franc-maçon, ce républicain, malgré sa nature assez pusillanime, fit acte de courage. Il partit en ballon, au risque de tomber entre les mains de l'ennemi. Très au-dessous de la tâche entreprise, il songea uniquement à se créer un grand nom en poursuivant une lutte qu'il savait impossible. George Sand l'a flétri alors comme il le méritait: on ne saurait dire plus juste ni plus vrai.

Pour conserver une popularité injustifiée mais incontestable, cet homme chercha l'endroit le plus chatouilleux de l'imbécillité populaire, et ne trouva rien de mieux que la formule de la Franc-Maçonnerie actuelle : « *Le cléricalisme c'est l'ennemi. — Arrivée au pouvoir des nouvelles couches.* » Par *nouvelles couches*, il n'entendait pas les déshérités, les prolétaires, ceux qui ont toujours souffert et sont menacés de souffrir encore, ceux que Toussenel et M. Drumont voudraient arracher de l'ornière où ils n'ont pas cessé de traîner. Ce qu'il prétendait flatter, ce qu'il a réussi à porter au pinacle, ce sont les avortés des professions libérales, les artistes sans talent, les déclassés de la littérature, les fils, frères, parents de tous ceux-là en un mot, les *républicains de profession*. C'est lui qui a organisé la persécution religieuse, commencé les épurations de fonctionnaires de tout ordre, donné l'impulsion à la course finale vers l'abîme. Il est bien dépassé aujourd'hui, et peut-être, s'il voyait son œuvre, deviendrait-il *réactionnaire*.

M. Drumont veut que Gambetta soit un Juif; probablement il en avait l'âme, car on ignore ce que cet homme si mystérieux malgré son apparente bonhomie a laissé de fortune derrière lui. Il n'était pas Juif; il était franc-maçon. On n'a qu'à le comparer à Crémieux, très haut dignitaire lui-même dans la Franc-Maçonnerie, mais Juif avant tout, et l'on verra combien peu ils se ressemblent. Crémieux usa ce qui lui restait de forces pour le bien de la nation juive aux dépens de la France et ne pensa qu'aux Juifs au milieu des désastres de la patrie ; Gambetta ne pensa qu'à lui-même, à peine à un très petit nombre de créatures dévouées. Chef d'un pouvoir non déterminé comme président de la Chambre, il donna quelques espérances bien vite évanouies lorsqu'il fut élu Président du Conseil; à part deux généraux qui avaient fait leurs preuves, il s'entoura de médiocrités franc-maçonnes, d'échappés de la Commune, comme il s'était entouré pendant le siège de Pipe-en-bois et de Ferrand. Il tomba à plat et mourut mystérieusement, comme il vivait depuis quelques années.

Crémieux le Juif eut de belles funérailles auxquelles assistèrent ses coreligionnaires en pleurs et des francs-maçons assez honteux de s'y trouver. Gambetta, lui, en eut de magnifiques: la France l'avait cru patriote, et les patriotes trompés sur son compte l'ont honoré comme un demi-dieu.

Pour en finir avec la Franc-Maçonnerie, il suffira de rappeler qu'elle faisait tous ses vœux pour le triomphe de la Commune. Aujourd'hui, pendant l'agonie du régime actuel, ses adeptes ont l'insigne courage de continuer leur œuvre de destruction anti-catholique; ils achèvent de laïciser les hôpitaux, de poursuivre le clergé et les œuvres religieuses, et essayent d'entraîner dans leur déroute une puissance qui les écrasera.

3° LE PARLEMENTARISME

Macaulay veut que la meilleure forme de gouvernement du monde soit la monarchie constitutionnelle; en 1844, il écrivait que *la France n'avait jamais joui d'autant de liberté et de bonheur que sous cette monarchie*. Quelques pages auparavant, il venait de déclarer que les horreurs de la Révolution étaient dues à l'incapacité des hommes appelés alors à mener leur pays, et que rien auparavant n'avait préparés à la grandeur de leur tâche. En bon Anglais, surtout en bon whig qui cependant et par extraordinaire ne ressentait pas de haine contre la France, il admettait, non pas l'assassinat, mais la déchéance de Louis XVI, qui avait comploté avec l'ennemi du dehors : ce fut chose courante en Angleterre jusqu'en 1688, que de combattre et de supprimer les monarques gênants. Depuis la reine Élisabeth et même antérieurement, le pays savait se gouverner par lui-même, ce qui rendit la Révolution de 1648, à part le meurtre du roi que personne n'a excusé depuis, infiniment moins atroce que 1793 en France. Aux yeux du grand historien, les malheurs supportés depuis cette époque par la France avaient suffi pour apprendre à ses enfants ce qui est, en quelque sorte, inné chez tous les Anglais. La chute de la branche aînée ne lui paraissait qu'un incident de conséquence médiocre, et sans se préoccuper de l'origine révolutionnaire de la branche cadette, il rendait justice à l'extrême habileté du roi Louis-Philippe, dont la position lui paraissait aussi assurée que celle de la reine Victoria. Il ne comprenait pas l'esprit généralisateur du Français qui, faisant de la légitimité un dogme, devait voir en Louis-Philippe un souverain illégitime, ce qui entraîna l'effondrement de la royauté de Juillet. Tandis que les Anglais, hommes pratiques avant tout, s'arrangent pour vivre de ce qu'ils ont, et, loin de chercher les améliorations d'ensemble, s'en tiennent sagement aux progrès graduels et journaliers, « les Français, dit Philarète Chasles, rapides dans l'action, admirables quand la discipline s'est emparée d'eux, renoncent difficilement à ce goût des belles formules qui, en politique, trompe toujours, et mène les peuples à la ruine par la superbe de l'algèbre...

« Que fera la société française toute remplie des contradictions les plus flagrantes — soif de paix et amour de la gloire — besoin des jouissances et ennui de bien-être — personnalité insurgée et désir de la fraternité universelle — amour de la possession et haine de la propriété — besoin de centraliser les pouvoirs et haine de l'autorité centrale — aspiration à la fortune et haine de la richesse — désir d'organiser une aumône publique, et la reconnaissance de la charité chrétienne comme unique source vive de l'aumône ! Partout et jusque dans les individus, le même déchirement apparaît. Les lois vont contre les mœurs, les idées contre les institutions, les habitude contre les idées, les désirs contre les regrets, les actes contre les théories, les passions contre les intérêts, les tendances contre les goûts et les calculs contre les entraînements. »

Cela était écrit en 1867 et reste plus vrai que jamais aujourd'hui. Depuis la destruction du dogme monarchique et l'affaiblissement de l'idée religieuse, le Français laissé à lui-même, enlevé par la Révolution à cette double tutelle, n'a pas su asseoir un mode définitif de gouvernement. Son caractère contradictoire lui fait préférer à une situation fixe un jeu de bascule où il épuise des forces qu'il eût employées si utilement ailleurs. Le parlementarisme, avec ses discussions perpétuelles, lui permet de tourner dans un cercle vicieux et de se combattre lui-même sans prendre de décisions : aussi, revient-il toujours à cette forme dont l'Angleterre a tiré un si grand avantage, mais qui est mortelle pour lui. Le premier essai de parlementarisme valut à la France le Jacobinisme et la Terreur; le second essai, sous le Directoire, lui valut le Jacobinisme et la *Terreur sèche* de Fructidor. Le malheureux pays ne put être sauvé d'une anarchie fangeuse et de la domination de l'étranger vainqueur que par une dictature sans précédent dans son histoire. Napoléon ne voulut pas essayer de refaire le passé, sachant trop bien qu'on ne ressuscite pas les morts : il se contenta d'effacer les traces du sang versé, d'enlever les décombres, de niveler le sol et il construisit un édifice nouveau dont la façade rappelait celui d'autrefois, mais qui, par le reste, en différait absolument. Les libertés du vieux régime, les prérogatives communales et provinciales, il les supprimait, ramenant tout à l'autorité centrale qui jetait sur la France son filet aux mailles serrées.

L'impôt était égal pour tous, pour tous la loi était la même, à tous les emplois étaient accessibles. La noblesse n'était plus un corps fermé, mais devenait le couronnement de carrières brillamment ou utilement remplies. Le premier pilier de l'État une fois restauré, Napoléon réédifia le second par le Concordat qui reconnaissait le Catholicisme et la suprématie religieuse de Rome. Par malheur, l'homme était trop grand et se croyait trop fort. L'œuvre accomplie, tout immense qu'elle fût, ne lui parut pas assez grande. Après une série de désastres glorieux, le pays lui refusa son concours.

La première tentative de restauration, infiniment maladroite, tendit à faire revivre le passé. Au mépris de la parole donnée, Napoléon reparut, mais ce ne fut qu'un éclair de cent jours : « l'aigle clouée sur le rocher de Sainte-Hélène mourut en contemplant le soleil des tropiques. » Louis XVIII rendu clairvoyant accepta le royaume tel qu'il le retrouvait. Le milliard des émigrés, réparti comme on sait, après quelques difficultés passa pour avoir satisfait à de justes réclamations ; le Concordat, le Code civil restèrent en vigueur et le régime parlementaire fleurit avec éclat. Quand les plaies furent pansées, les finances en bon ordre, l'armée devenue assez imposante pour assurer à la France sa place parmi les autres nations, le parlementarisme se mit à tourner sur lui-même, et voulut démolir ce qu'il avait aidé à construire. Charles X crut le mâter par ses ordonnances : il fut renversé.

La France ne voulait pas de retour au passé, mais elle voulait encore bien moins une chute dans les abîmes de la République. Elle accueillit Louis-Philippe et le soutint jusqu'au dernier moment, malgré la résistance des légitimistes, malgré les attaques des républicains, malgré surtout la lutte que le roi devait soutenir contre ses propres ministres. On est étonné de voir tant d'énergique persévérance chez un homme aussi mal servi. Des émeutes continuelles, des insurrections formidables furent sévèrement comprimées, des institutions utiles établies, des travaux de toutes sortes menés à bonne fin, et l'on eût fait bien davantage sans les continuelles attaques des parlementaires qui ne permettaient pas qu'on agît sans eux, mais ne savaient eux-mêmes comment agir : si on les eût écoutés, l'Algérie était rendue aux Arabes. Parvenu à un âge trop avancé pour continuer une semblable lutte, le vieux roi ne put résister à la dernière menace qui ne s'adressait ni à sa personne ni à sa dynastie. Il quitta la France, laissant la place libre à l'émeute, à l'étonnement de tous, à la très grande stupéfaction des émeutiers surtout.

Thiers est le produit le plus complet du parlementarisme. Pour l'étudier, il n'est pas nécessaire de remonter au delà d'une époque où il déclarait que les chemins de fer ne pouvaient être, en France, qu'un mode élégant de locomotion, bon pour les petites lignes de Versailles ou de Saint-Germain. Suivant une expression assez peu française pour faire sourire quand on l'entend et surtout quand on la lit, il avait *arrêté sa montre* vers 1840. Les diligences, les chaises de poste et certains services, tels que les *célérifères* de Saint-Denis à Paris, lui semblaient le *nec plus ultra* du progrès. Il croyait à jamais imprenables les fortifications de Paris et admettait à peine le fusil à piston. Quant à la machine électorale, dans son for intérieur il la trouvait parfaite, bien qu'il demandât, comme chef de l'opposition, qu'on augmentât quelque peu le nombre des votants. Après 1848, il ne voulut pas voir que la catastrophe détruisait à jamais ce qu'il avait adoré, et que le parlementarisme avait fait son temps. Il forma cette délétère réunion de la rue de Poitiers, où des hommes de valeur consumèrent en chinoiseries politiques des facultés puissantes et s'énervèrent dans de stériles discussions. Un homme d'action se présenta, héritier du nom le plus populaire; il promit la restauration du suffrage universel mutilé par l'assemblée de 1850, et renversa, presque sans secousse, le pauvre édifice de Thiers, bâti non pas sur des bases solides, non pas même sur du sable, mais sur la pointe d'une aiguille. Le petit homme, renvoyé à *ses chères études*, reparut lorsque l'Empire, à la suite d'une série de fautes qui l'avaient ébranlé sur ses bases, crut se sauver en se rapprochant du parlementarisme, et se suicida. Rendu à la vie publique, Thiers avait parlé de *libertés nécessaires*, donné des conseils dans les questions de finances, appris à la Chambre, qui en avait bon besoin, ce que c'était que la dette flottante; en revanche, il traita de *fantasmagorie* en pleine tribune, ce qui le fit applaudir puisqu'il avait tort, les renseignements très exacts apportés au public sur l'état de l'armée en Prusse.

Après Sedan, sa popularité semble revenue. Il fit acte de courage lorsque, pendant le siège, par une température glaciale, il parcourut l'Europe pour tenter de l'attendrir sur le sort de la France. On s'est demandé bien souvent s'il n'y avait pas de sa part beaucoup de charlatanisme à implorer la Russie humiliée en Crimée au profit de l'Angleterre, l'Autriche battue à Solférino au profit de l'Italie, et non secourue alors que la France pouvait empêcher Sadowa, l'Angleterre trop heureuse de voir humilier et fouler aux pieds une nation qu'elle avait redoutée si longtemps. La vérité c'est que le petit homme se croyait encore en 1845, à l'époque où la France eût peut-être trouvé des alliances grâce au roi Louis-Philippe qui avait maintenu la paix envers et contre tous, surtout contre le très belliqueux M. Thiers, si cruellement déçu aujourd'hui.

Déjà, quelques jours avant le siège de Paris, il avait fait *détoner* son canon d'alarme. Il pressait, il suppliait de faire le vide dans un rayon de trente lieues autour de la capitale pour affamer l'ennemi : « Coupez les bois, détruisez les ponts, les routes, les tunnels, brûlez les moissons, que les Prussiens trouvent seulement un désert! » Cette recommandation fut très goûtée des futurs membres de la Commune :

on saccagea en partie le bois de Boulogne et l'on tenta de brûler les forêts avoisinantes. Heureusement, la sève encore abondante des arbres ne permit qu'un petit commencement d'incendie. Quant aux départements limitrophes, ils restèrent ce qu'ils étaient et eurent raison. L'ennemi, que la dévastation n'eût pas arrêté, leur causa beaucoup moins de mal qu'eux-mêmes ne s'en seraient fait (1).

Après la levée du siège, Thiers ne tarda pas à devenir le vrai gouvernement. La situation était effroyable : les soldats errants sans armes, la partie dangereuse de la garde nationale s'organisant en formidable troupe d'émeute, les révolutionnaires de toutes les nations, garibaldiens et autres affluant dans Paris, tout faisait pressentir un cataclysme imminent. Le pauvre général Trochu éleva timidement la voix ; il proposa un second plan de défense d'autant plus facile à exécuter qu'il était des plus simples. C'était de réorganiser la garde nationale de l'ordre sous un nom quelconque. Par suite du départ d'une foule de gardes nationaux sur lesquels on devait compter, cette troupe eût été beaucoup moins nombreuse que l'autre, mais suffisante pour assurer la possession des forts et de quelques positions à peu près imprenables par l'insurrection. On avait ainsi la possibilité de s'assurer toutes les défenses et toutes les issues de la ville qui n'étaient pas aux mains de la Prusse. Le général fut dédaigneusement éconduit.

L'expérience des fautes commises ne sert en France qu'à retomber dans les mêmes errements lorsque l'occasion s'en présente. Dès le 16 février, on avait supprimé la solde de la garde nationale, de même qu'on avait fermé les ateliers nationaux en 1848, ce qui avait exaspéré toute la partie tranquille de la population ouvrière, déterminée, alors comme en 1848, à se joindre à l'émeute. On aurait dû se rappeler qu'à cette époque, la garde nationale avait suffi à réprimer le désordre depuis le 16 avril, et qu'elle était venue à bout de l'échauffourée du 15 mai en moins de deux heures. Le 24 juin, le décret rendu, elle avait trouvé devant elle, non plus la troupe de l'émeute, mais l'armée de l'insurrection. Il en fut de même en 1871 ; on eut à combattre les mêmes forces auxquelles il faut joindre le contingent des étrangers amenés par les chemins de fer, une notable partie des soldats sans armes et toute la mobile de la Seine. Or les armées françaises étaient prisonnières en Allemagne !

(1) Une seule personne protesta, M. Josseau, député de Seine-et-Marne.

Il faut ajouter à toutes ces causes d'infériorité le mécontentement du commerce parisien gravement froissé par la loi rendue à Bordeaux qui fixait au 13 mars l'échéance des billets exigibles le 13 novembre précédent. Au début, il s'associait de cœur sinon de fait avec les ennemis du gouvernement.

Thiers, qui aurait pu si facilement obtenir que cette loi fût rapportée, et qui aurait dû tenter la formation d'une *troupe de l'ordre*, se contenta de chercher dans ses souvenirs. Il se rappela qu'en 1848 Cavaignac avait hésité trop longtemps, qu'il avait laissé l'insurrection devenir maîtresse de la moitié de Paris, et qu'il parlait naïvement de se retirer avec son noyau de troupes dans la plaine Saint-Denis, où les insurgés ne pouvaient manquer de venir le rejoindre pour se faire battre à plates coutures. — Il y avait mieux encore. — A cette époque, le maréchal Windischgraëtz abandonnait Vienne à l'émeute pour en faire le siège et reconquérir la ville. En conséquence, Thiers donna l'ordre de tout évacuer, même les forts, et de se replier sur Versailles. Heureusement que, contrairement à ses ordres, le Mont-Valérien resta occupé.

On abandonnait les forts sous le prétexte que les soldats chargés de les garder n'étaient pas sûrs et pouvaient les livrer à l'ennemi. Si on courait cette chance, on courait aussi l'autre chance de les trouver fidèles, tandis qu'en laissant tout dès le début à l'insurrection, on choisissait bénévolement le parti le plus désespéré. C'était, comme pour la dévastation dans un rayon de trente lieues, se faire beaucoup plus de mal que l'adversaire n'en aurait pu causer. Mais Gribouille est un grand homme et M. Thiers était son disciple.

L'armée fut réorganisée aussi bien que possible par le petit dictateur qui se prétendait un grand général et entrava plus d'une fois les opérations du siège. On sait que Paris fut repris malgré lui et repris trois jours trop tard : il voulait attendre encore. Il est donc, dans une grande mesure, responsable des excès de la répression. L'envahissement final dirigé avec ensemble et rapidité n'eût pas donné le temps aux insurgés de commettre tant d'incendies et tant d'assassinats ; d'affreuses représailles eussent sans doute été évitées. Que pouvait-on attendre d'une armée rentrant au milieu des flammes et du sang, et rentrant avec lenteur ?

La situation était singulière : elle exigeait à la fois un parlement et un dictateur, un parlement pour traiter de la paix et de la rançon de la France, un dictateur pour maintenir l'ordre dans les esprits et dans la rue. Le parlement, au début, fit son devoir; le dictateur fut au-dessous de sa tâche. Les conseils de guerre terminés, il s'imagina que tout était régulier, que tout était rentré dans les conditions ordinaires. Il ne demanda pas pour Paris encore exaspéré et livré aux furies révolutionnaires un régime spécial devant durer quelque temps encore, un conseil municipal nommé autrement qu'à l'élection, une restriction très grande de la liberté de la presse, une suspension plus ou moins longue de l'exercice des droits électoraux. Personne autre que lui ne pouvait oser de pareilles propositions : l'état réel de Paris était peu connu à Versailles, où les représentants de la capitale se gardaient bien de le révéler, et l'*Assemblée versaillaise* n'eût pas osé prendre une semblable initiative contre une ville dont on la disait la mortelle ennemie. Les choses restèrent donc ce qu'elles étaient, et Thiers ne pensa plus qu'à tirer parti de l'emprunt destiné à solder les cinq milliards de la Prusse.

Rien de plus simple que cet emprunt! Il suffisait d'ouvrir partout des guichets au public : à Paris comme en province, l'argent fût venu tout seul et sans intermédiaires. Le petit homme ne le voulut pas ; de son temps, les emprunts se faisaient tout autrement. Voilà pourquoi on eut recours aux banquiers, surtout aux banquiers juifs, qui firent des bénéfices énormes et en firent faire au dictateur deux fois enrichi grâce aux malheurs de la France : il avait reçut un million, le double de la valeur de son hôtel brûlé par la Commune, et les gains obtenus grâce à l'emprunt lui avaient permis l'acquisition de terrains situés à Passy fort avantageusement. Aussi l'a-t-on surnommé le *Libérateur du territoire*.

Nommé président de la République, Thiers reprit ses bonnes vieilles habitudes et redevint homme d'opposition. C'était insensé, mais très conforme aux usages parlementaires. Dans son égoïsme et dans sa vanité, il voulait à toutes forces rester un homme nécessaire, et ne pouvait y arriver qu'en semant partout la discorde. Le serpent usa ses dents contre la lime ; la nomination du citoyen Barodet à Paris lui porta le dernier coup. Il sentit l'impossibilité de lutter davantage et se confina, non plus dans ses chères études, mais dans une foule d'intrigues de couloirs qui achevèrent de le déconsidérer. Il mourut sans dignité. Une foule énorme accompagna sa dépouille au cimetière, non pas pour lui faire honneur mais pour protester contre l'honnête homme qui le remplaçait. L'année suivante, la même foule eût jeté ce cadavre aux gémonies.

Le maréchal de Mac-Mahon représentait l'autorité religieuse et l'autorité gouvernementale, ces deux principes que les Juifs et les francs-maçons se sont donné pour mission de déraciner en France. La majorité parlementaire, en demeurant unie, en se dévouant à l'œuvre de salut entreprise par elle, l'eût rendu assez fort pour résister aux tentatives des républicains, c'est-à-dire au relèvement progressif de la Commune; mais les divisions intestines ne tardèrent pas à se manifester. Les partis légitimiste, orléaniste, bonapartiste, républicain dit modéré se séparèrent les uns des autres, et marchandèrent leur appui au maréchal, qui, poussé à bout, osa l'infructueux 16 Mai et dut se démettre de ses fonctions. Le parlementarisme venait pour la dernière fois d'exécuter son jeu de bascule; il avait repoussé Thiers parce qu'il se dirigeait à gauche, il avait nommé le maréchal pour suivre la marche contraire, et il le renversait parce que le maréchal ne voulait pas s'écarter du chemin qu'on lui avait tracé.

On sait qui a remplacé le duc de Magenta. A partir de ce jour les oscillations ne se firent plus sentir: on était entraîné définitivement. La joie de la foule s'était déjà manifestée par une première statue, celle élevée à un très illustre inconnu, Ricard, l'aigle du barreau de Niort. On ne s'en tint pas à cette inoffensive ineptie : la masse juive et la Franc-Maçonnerie ne pouvaient se contenter d'aussi peu. Elles se mirent à l'œuvre avec la complicité du chef de l'État, et en quelques années elles entraînèrent le pays dans les bas-fonds où il se débat aujourd'hui.

La conclusion qui s'impose est celle-ci : remplacer le parlementarisme par un gouvernement assez énergique pour supprimer les ennemis de la France. La Franc-Maçonnerie pourrait facilement être désorganisée. Quant aux républicains *de profession*, sans elle ils sont peu redoutables. Restent les Juifs : comment procéder avec eux?

Un moyen radical de s'en défaire serait de les expulser comme jadis après confiscation de leurs biens; mais on est obligé de reconnaître l'impossibilité de cette mesure, réprouvée par les mœurs d'aujourd'hui. *On a les Juifs que l'on mérite*, répète-t-on tous les jours. Cela est fort vrai ; mais cette clameur dans le désert ne défend pas les exploités contre les exploiteurs, et en France, les exploités sont incapables de se défendre par eux-mêmes. La Franc-Maçonnerie et le Gouvernement républicain aidant, l'ennemi gagne tous les jours du terrain, et dans un laps de temps assez court, il ne restera plus rien de la France actuelle. Si l'on avait le courage d'imposer à Israël le supplice de la *quarantaine*, c'est-à-dire de le laisser isolé de tout contact avec le reste de la société, si les princes et les grands seigneurs repoussaient énergiquement toute promiscuité avec les Juifs, toujours rampants avant leur admission dans leurs hôtels, mais arrogants et dédaigneux lorsqu'on a par malheur consenti à les accueillir, le reste de la nation ne tarderait pas à suivre cet exemple salutaire. Un gouvernement digne de ce nom exclurait des fonctions administratives, judiciaires et autres tout ce qui porte la marque juive. En Algérie, ils seraient indistinctement privés des droits civils. On chasserait de France tous les Juifs non naturalisés, et pour l'avenir la naturalisation leur serait interdite. On leur défendrait dorénavant de posséder des immeubles, terres ou maisons, de prêter sur hypothèque, de poursuivre une expropriation particulière, et, quant aux biens de cette nature actuellement détenus par eux, ils ne pourraient plus les transmettre à leurs descendants, qui recevraient à la place une indemnité fixée par le jury. Tout Juif converti à partir de cette loi, devrait payer un droit que le même jury déterminerait.

Loi d'exception, ne manquera-t-on pas de répéter de toutes parts! Brutalité indigne du degré de civilisation où l'on est parvenu!

L'apologue suivant sera la réponse :

Un homme très civilisé fut attaqué par un serpent des plus dangereux. Rien ne lui était plus facile que de se servir de son revolver et d'anéantir la bête malfaisante. L'homme déclara que son degré de civilisation ne lui permettait pas de détruire un pauvre animal. Il fut mordu et périt. Quant au serpent, il devint magnifique.

Mars 1889.

ÉDOUARD GIBERT.

18730. — Imprimeries réunies, A, rue Mignon, 2, Paris.

www.ingramcontent.com/pod-product-compliance
Ingram Content Group UK Ltd.
Pitfield, Milton Keynes, MK11 3LW, UK
UKHW020511230726
13925UKWH00005B/2139

9 782014 061567